STATUTS

ET

ORDONNANCES

DE LA

COMMUNAUTE' DES MAITRES

TAILLEURS
D'HABITS.

De la Ville, Faux-Bourgs & Banlieuë de Troyes. 1711.

A TROYES,

Chez la Veuve d'EDME PREVOST, Imprimeur
& Marchand Libraire, ruë du Temple.

Avec Permission.

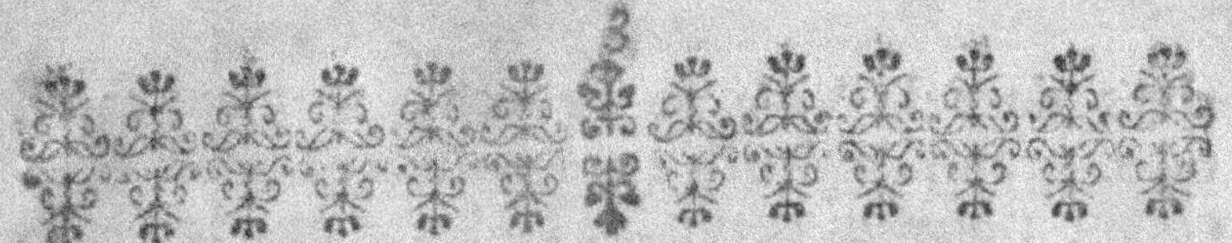

STATUTS

ET

ORDONNANCES

DES MAISTRES TAILLEURS d'Habits de la Ville, Faux-Bourgs & Banlieuë de Troyes 1711.

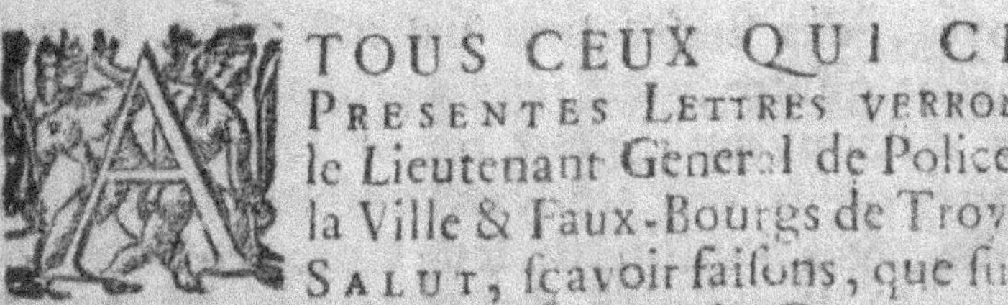

TOUS CEUX QUI CES Presentes Lettres verront: le Lieutenant General de Police de la Ville & Faux-Bourgs de Troyes; SALUT, sçavoir faisons, que sur la Requête à Nous presentée, par la Communauté des Maîtres Tailleurs d'Habits de la Ville, Faux-Bourgs & Banlieuë de Troyes, contenant qu'ils auroient obtenu dés le mois de Juin mil six cent trois des Lettres Patentes du Roy, confirmatives de leurs Statuts, lesquels ayant presenté dés-lors au Parlement de Paris, pour y être registré; la Cour par Arrêt du vingt-un Août audit an, les auroit renvoyé pardevant Monsieur le Bailly de Troyes, pour être par lui comme elles l'auroient été en effet enterinées le dix Juin mil six cent quatre; mais depuis ce tems, les guerres survenus dans l'Etat, & les troubles ar-

A ij

rivés dans la Ville de Troyes, auroient caussé
un si grand desordre que leursdites Lettres se seroient trouvées perduës, en sorte que la Communauté, qui a toûjours été depuis sous la bonne
foy des Lettres, ayant eu un procés considerable
en ladite Cour en l'année derniere mil sept cent
huit, n'ayant pû les representer, y ont non seulement succombé, mais il auroit été encore ordonné
par Arrêt du vingt-un Juin audit an mil sept cent
huit, qu'ils seroient tenu de les faire registrer au
Greffe de ladite Cour, dans six mois, ensemble
lesdits Statuts, & comme ils sont dans l'impossibilité de le faire, les Originaux desdites Lettres
Patentes & Statuts étant perdus & égarés, aussi
bien que leurs minuttes du Greffe du Baillage de
Troyes, des années mil six cent trois, & mil
six cent quatre, ont jugé à propos de s'assembler de nouveau, pour revoir lesdits anciens
Statuts qu'ils ont trouvez conformes au bien
public, & à l'utilité de leur Corps & Communauté, à l'exception des trois Articles qu'ils
ont crû devoir y ajoûter par forme d'interpretation au lieu des Articles vingt-deux, vingt-
sept & trente deux des anciens Statuts, tels
qu'ils sont cy-aprés transcrites, pour ensuite se
pourvoir pardevers Sa Majesté, à l'effet d'obtenir ces Lettres Patentes sur iceux, aprés qu'ils
auront été par Nous omologuez ; pourquoi ont
recours à Nous pour leur être pourvû.

ENSUITE LA TENEUR DES STATUTS.

I.

PREMIER ARTICLE : Qu'il se dira & celebrera
par châcun Dimanche de l'Année une Messe cô

l'Eglife des Reverends Peres Cordeliers dudit Troyes, en l'honneur & gloire de Dieu, Exaltation de fon S. Nom, manutention & accroiffement de fon Eglife, pour nôtre Saint Pere le Pape, pour le Roy nôtre Sire, pour la Reine, Noffeigneurs leurs Enfans Prince du Sang, & leur bon Confeil, pour la Paix de ce Royaume, pour tous Princes, Seigneurs & autres Chrêtiens Catholiques combatants & travaillants pour la Foy ou pour le Roy, pour tous Magiftrats, & principalement pour ceux de ladite Ville, comme auffi pour la Benediction de Dieu fur les Maîtres, Compagnons, Aprantifs & Supôts dudit Métier, ainfi qu'il eft accoutumé de fe faire cy-devant.

II.

Et **pour** ce que ceux dudit Métier ont pris & choifi pour le jour de leur Fête, le jour de la Decolation de Saint Jean-Baptifte, échéant au vingt-neuf jour d'Août, par chacun an; tous ceux dudit Métier, tant Maîtres, Compagnons, Aprentifs que Supôts d'icelui, vivants en la Religion Catholique, Apoftolique & Romaine, feront tenus de fe trouver en ladite Eglife par chacun an de bonne heure, tant la veille dudit jour de relevée, que ledit jour Fête, dés fept heures du matin, & environ les deux heures aprés midy, & le lendemain auffi dés fept heures du matin, pour tous enfemble affifter & accompagner les Prêtres & gens d'Eglife, & aller prendre & querir le Bâton de la Confrairie dudit Métier, chez le Bâtonnier d'icelle, icelui conduire & accompagner en bonne devotion; avec toute hon

neur & reverence aux Saints, & Divins Services
des Vêpres de ladite veille, & de la Grande Meſſe
& Vêpres dudit jour, & Service des Trepaſſez
dudit lendemain, à telle peine que de raiſon.

III.

SE DIRONT leſdites Grandes Meſſes dudit jour
Fêtes, & les trois Meſſes Hautes dudit Service des
Trepaſſez dudit lendemain avec les Vigiles &
Commendiſes ordinaires en ladite Egliſe des
Reverends Peres Cordeliers avec Diacre & Soû-
diacre.

IV.

AUSDITES Veſpres, Grandes Meſſes & Service des Trepaſſez deſdites veilles, jour de Fête
& lendemain ſuſdits, les Maîtres & Compagnons
ſeulement, ſeront tenus & obligez de prendre à
leurs depens, & avoir en main chacun un Cier-
ge de cire de tel poids & façon qu'il eſt accoû-
tumé de faire, non excedant la ſomme de trois
ſols quatre deniers tournois.

V.

ET POUR ſatisfaire audit Service Divin, tous
Maîtres ou Maîtreſſes, Veuves de Maîtres, ſeront
tenus par chacun an, de payer douze ſols tournois; leſdits Compagnons chacun cinq ſols & les
Aprentifs chacun deux ſols ſix deniers, & tous
Aprentifs entrant en aprentiſſage dix ſols pour
leur bien-venuë, au payement de laquelle ſomme de dix ſols, les Maîtres deſdits Aprentifs

feront contraints, fauf à les repeter par eux contre leurs Aprentifs.

VI.

ADVENANT le décez d'un Maître, Femme ou
Veuve de Maître dudit Métier, chacun Chef
d'Hôtel, foit Maîtres ou Veuves de Maîtres
dudit Métier, vivant en la Religion Catholique, Apoftolique & Romaine, feront tenus de
payer la fomme de dix deniers, pour chacun Com-
pagnon cinq deniers, & chacun Aprentif deux
deniers, pour faire prier Dieu pour le repos de
l'ame du defunt.

VII.

IL Y AURA un Sergent ordinaire pour ledit
Métier, pour prendre garde à ce que aucun monopole ne fe faffe, pendant, ou fous prétex-
te defdits Services Divins les jours de Diman-
ches, veilles, Fêtes & lendemain de la Déco-
lation Saint Jean, ny en autres jours quelconques, & pour affifter les Maîtres & Gardes dudit Métier, aux vifitations qu'ils feront.

VIII.

LEQUEL Sergent fera tenu de dreffer Exploits,
Procez verbaux des ouvrages mal faits & con-
traventions aux prefens Articles des Statuts,
& de cotter fpecifiquement les mal-façons,
fur le raport defdits Maîtres & Gardes, dont
il fera tenu de bailler Copie des Saifies, in-
ceffamment & dans le jour de la Saifie au plus
tard, à peine de nullité des Exploits & Procez

verbaux, & de tous depens, domages & interêts des Parties.

I X.

IL Y AURA aussi quatre Maîtres Gardes, & un
Clerc ordinaire dudit Metier elûs, & qui demeu-
reront en charge, sçavoir, lesdits Maîtres Gardes deux ans consecutifs, & ledit Clerc un an
seulement.

X.

A CET EFFET, & en presence dudit Sergent
Royal, s'assembleront tous les Maîtres dudit
Metier, au Cloître desdits Reverends Peres Cordeliers, tous les ans audit jour de lendemain,
après le Service Divin fait pour les Trepassez,
pour elire deux nouveaux Maîtres Gardes, au
lieu & place de deux autres qui auront fait le
tems de deux années, & un nouveau Clerc, au
lieu de celui qui aura fait son année.

X I.

LESQUELS Maîtres Gardes & Clercs nouveaux,
incontinent après ladite election faite de leur
personne, seront tenus de prêter le Serment à
ce requis, pardevant le Lieutenant General de
Police, le Procureur du Roy à ce present, ou
deûment apellez.

XII.

APRES lequel Serment fait, & à l'instant lesdits Maîtres & Gardes, & Clerc dudit Metier,
sortant de Charge, seront tenus de presenter

leur compte de l'administration des deniers de ladite Confrairie & College, qu'ils auront geré & maniez pendant leur tems : a peine de provi-sion telle que de raison contre eux, & de prison s'il y échet.

XIII.

Auront lesdits Maîtres & Gardes, lors char-ge & pouvoir, pour faire, garder & observer les Statuts & Réglemens dudit Métier, visiter toutes & quantesfois que bon leur semblera, és Maisons, Ouvroirs de tous lesdits Maîtres, Veuves de Maîtres, & autres travaillants du-dit Métier, & en iceux faire ouverture par tout, present leur Sergent Royal & ses Recorps.

XIV.

Seront les Maîtres & Gardes tenus de re-veler en justice les abus, malversations, & con-traventions, qui se feront au préjudice des pre-sents Statuts & Réglemens, sans aucunes coni-vences, à peine d'en répondre en leurs propres & privez noms.

XV.

Et s'il se trouve, en visitant, quelques ou-vrages mal faits, ou vicieux, les feront saisir à Requête, dudit Procureur du Roy, & d'eux ; & iceux ouvrages transportés & donnés en garde à des personnes étranges.

XVI.

Ceux sur lesquels, ou chez lesquels lesdites

saisies auront été faites, des ouvrages vicieux ou mal faits, seront muletés & condamnés en amende telle que de raison, ou qu'il sera cy-après déclaré.

XVII.

Et quand au Clerc dudit Métier, recevera les deniers destinés audit Service Divin, ou aplicables aux affaires dudit College, & sera tenu de faire ou faire faire les semonces des assemblées d'icelui, tant ordinaires qu'autres, toutes fois & quentes que besoin sera, & que lesdits Maîtres & Gardes lui enjoindrons de ce faire, desquels semonces ledit Clerc sera crû à son simple Serment.

XVIII.

Seront tous Maîtres dudit Métier, tenus de comparoir & se trouver à toutes Assemblées, dont & un chacun d'eux auront été semond par le Clerc dudit Etat & Métier, soit pour les affaires communes, soit pour les Convois & assistances des décedez de ladite Confrairie, à peine de cinq sols d'amande contre chacun des défaillants qui auroient été conviés & semonds, comme dit est. reservés toutes fois les absens, malades ou empêché de legitime empêchement, qui seront tenus pour excusé, les declarant ou faisant déclarer audit Clerc ou Bâtonnier, ou à un desdits Maîtres & Gardes, autrement seront amandables de la somme de deux sols six deniers.

XIX.

Et en cas qu'ils (ou aucun d'eux) se méprisent ou oubliassent trop souvent à leur devoir, de se trouver ausdites semonces, à leur etians, qu'ils en seront punis d'amande arbitraire, ou telle condamnation exemplaire que de raison.

X X.

Nul ne pourra, tailler, coudre, faire ny façonner, soit pourpoints, soutannes, juppes, jupons, mandilles, robes, ou autres habits & vêtements, soit pour hommes ou pour femmes, ny faire aucune chose dépendante dudit Métier, en ladite Ville & Faux-Bourgs d'icelle, s'il n'est Maître dudit Métier, ou pour qu'el-qu'uns desdits Maîtres, qui sont à present demeurant dans ladite Ville, ou esdits Faux-Bourgs, qui ont fait Chef d'œuvre, ou ont été trou-vés capables & expérimentés, ou qui auront été reçûs par Lettres du Roy, à peine de soixan-te sols tournois d'amande, aplicable, un tiers au Roy, les deux autres tiers à la Communau-té dudit College & mêtier.

X X I.

Ne pourront les Chaussetiers de ladite Ville & Faux-Bourgs, s'entremettre dudit Etat de Tailleur d'habit, pour quelque personne que ce soit, fors pour leurs personnes, femmes & enfans seulement, auquel cas, qu'avant la taille desdits habits, seront tenus lesdits Chaussetiers d'avertir lesdits Maîtres & Gardes Tailleurs d'habits, ou l'un d'eux, à peine de pareille a-mande, & de confiscation de leurs ouvrages:

comme au semblable, ne pouront lesdits Tailleurs d'habits s'entremettre de l'Etat de Chaussetier.

XXII.

NE POURRONT les Maîtres dudit Métier prendre des Aprentifs à plus long tems d'Aprentissage, que de trois ans, ny à moins de tems de deux ans, dont ils feront aparoître par le Loyage & Certificat des Nottaires qui auront passé le Marché, lesdits Aprentifs seront de main-neuve.

XXIII.

PENDANT lequel tems, lesdits Aprentifs seront tenus de faire le service de leurs Maîtres, & ledit Aprentissage sans eux departir, sinon & en cas de necessité, ou mauvais traitement de leurs Maîtres, & non autrement par leurs fautes & coulpes, auquel cas, le tems qu'ils auroient servi ne leur sera compté.

XXIV.

ET S'IL advenoit le deceds de leur Maître avant que ledit tems d'Aprentissage soit expiré, pourra l'Aprentif dudit Métier continuer le reste du tems dudit Aprentissage en la maison d'un autre Maître, même sans attendre ladite continuation, parachevement dudit tems, si venant à se marier avec une Veuve ou Fille de Maître, & sera ledit Aprentif reçû audit Etat en cette consideration seulement.

X X V.

Toutes Personnes indifferemment quelconques, ayant fait Aprentissage comme dit est, seront reçûs audit Etat & Métier, s'ils sont trouvez capable & suffisants par le Chef-d'œuvre, qui leur sera donné par lesdits quatre Maîtres & Gardes, auquel Chef-d'œuvre y pourront assister tous les autres Maîtres dudit Métier, si bon leur semble; & à cét effet, seront avertis par ledit Clerc dudit Métier, de celui qui se presentera à ladite Maîtrise, & du jour & heure que se devera faire ledit Chef-d'œuvre, afin de s'y pouvoir trouver, & que l'on ne puisse dire que ledit Chef-d'œuvre n'aye été fait, ou qu'il eût eté fait en cachette, le tout sans frais, sans beuvette, & sans aucune monopole, aux peines de l'Ordonnance, contre lesdits Maîtres & Gardes, sauf leur recours contre ceux qu'ils auront induits à ce faire, & sera ledit Chef-d'œuvre fait en la maison de l'un desdits Maîtres & Gardes, qui aura soin que d'autres ne travaillent audit Chef d'œuvre que l'Aspirant à la Maîtrise.

X X V I.

Ne seront les Enfans de Maîtres tenus de faire aucun Chef-d'œuvre, mais seulement marquer la taille d'un Habit ou deux de telle sorte & façon, qu'ils leurs sera par lesdits Maîtres & Gardes presentez.

X X V I I.

Les Femmes, ny les Filles, soit de Maîtres ou autres, ne pourront parvenir à ladite Maîtrise,

foit par Chef-d'œuvre ou autrement, quelque
efpace de tems qu'elles puiffent avoir été à l'exercice dudit Etat; mais bien pourront-elles aller
travailler à la journée, chez les Maîtres feulement; & quand aux Garçons & autres Ouvriers
dudit Metier, ne pourront travailler ailleurs que
chez lefdits Maîtres, fans qu'ils puiffent tailler,
coudre, commencer ou parachever aucuns ouvrages dudit Métier, en leurs maifons, cham-
bres, ny chez aucuns Particuliers, Bourgeois &
Habitans de cette Ville & Faux-Bourgs de Troyes,
à peine contre les Contrevenans de dix livres
d'amande, & contre les Particuliers à qui apar-
tiendront les Ouvrages, dix livres d'amende &
confifcation d'iceux, lefdites amandes aplicables
comme celles cy deffus; mais bien pourront les
Particuliers, Bourgeois & Habitans de ladite
Ville & Faux-Bourgs, prendre chez eux à la
journée, des Maîtres & Maîtreffes reçuës dans
ladite Communauté.

XXVIII.

Les Maîtres dudit Métier ne pourront tenir
en leur Maifon & Boutique, que deux Aprentifs à la fois feulement, defquels Aprentifs lefdits Maîtres feront tenus de paffer les Loya-
ges & Conventions par écrit, pardevant les
Nottaires, & les communiquer aufdits Maîtres
& Gardes, faifant leurs vifitations, lors qu'ils en
feront requis, afin qu'il n'y foit fait fraude aucune, & ce à peine de foixante fols d'amande
aplicable que deffus, fans qu'il foit loifible à
aucun, s'il n'eft Maître dudit Métier de tenir
en fa maifon aucun Aprentif, foit fils ou filles,

hommes ou femmes ; en quoy ne font compris les Enfans des Maîtres demeurant és maifons de leur Pere, lefquels pourront être Inftruits, & apris par leurdit Pere audit Etat, fans pour ce tenir lieu d'Aprentifs.

XXIX.

Advenant le deceds d'un Maître, la Veuve pourra fi bon lui femble continuer fon Etat, & faire travailler d'icelui en fa Boutique & Maifon, par Ouvriers dudit Etat, pendant fa viduité feulement, fi elle fe remarie avec un autre qui ne fût Maître Tailleur d'Habit, en ce cas, elle fera tenuë déslors de fermer fa Boutique, & ceffer de tout l'exercice dudit Métier, fi ce n'eft par quelqu'autre Maître dudit Métier, à peine de confifcation des Ouvrages dont fon Mary & elle feront trouvés faifis, de foixante fols tournois d'amande pour chacune fois, comme dit eft.

XXX.

Tous Maîtres, Compagnons, Aprentifs, Ouvriers & Supôts dudit Métier, feront tenus d'employer les habits qu'ils auront pour autruy, les mêmes étoffes qui leurs auront été baillées, fans qu'ils les puiffent changer ny apliquer aucunes pieces, finon és lieux & endroits accoûtumés, & que la façon de l'habillement ou vêtement le requerera, lefquels pieces ils feront tenus de mettre tout poil droit fil, luftre figure d'étoffe, à peine de vingt fols d'amande aplicable que deffus ; & des domages & interêts des Maîtres des Habits.

XXXI.

NE POURRONT lesdits Maîtres souſtraire les uns aux autres débaucher ou attirer à eux les Aprentifs, Compagnons & Ouvriers dudit Métier, pendant, & juſqu'au tems de la fin des Ouvrages convenus & commencés, & ne pourront lesdits Aprentifs, Compagnons & Ouvriers qui ſeront en la maiſon dudit Maître pour y travailler dudit Etat, en ſortir qu'ils n'ayent parachevez le tems, ou beſongne commencée, ſelon les conventions à peine contre chacun des Contrevenans, tant Maîtres qu'autres, de ſoixante ſols tournois, au payement de laquelle les deſſuſdits ſeront contraints par corps, & les Aprentifs, Compagnons & Ouvriers contraints en outre au parachevement de leur tems, par même priſon ou retention de leur perſonne, & Maiſons, Boutique & Chambre fermées deſdits Maîtres.

XXXII.

POURRONT les Maîtres dudit Métier tenir & avoir en leurs Maiſons toutes ſortes d'Etoffes & Marchandiſes, entammées & non en piece entiere, pour les mettre en œuvre de leur Métier, tant pour hommes, femmes qu'autrement, à charge que leſdites Marchandiſes & Etoffes, ſeront priſes & achetées chez les Marchands de cette Ville, & plombées de leurs plombs, & non ailleurs, ſinon celles qui leur ſera fournies par les Particuliers à qui apartiendra les Habits.

XXXIII.

POUR obvier aux abus, fraudes, malverſations & larcins

& larcins qui se pourroient faire & commettre à l'avenir, en ladite Ville & Faux-bourgs, ne sera à l'avenir exposé en vente, soit en place publique, Maisons particulieres, Boutiques ou autrement, aucuns Ouvrages dudit Métier, non encore essayés, portés ny usés, faits d'etoffe neuve, ou taillés à neuf : sinon pour les Maitres dudit Métier, à peine de confiscation desdits Ouvrages & de dix livres d'amande aplicable comme dessus.

XXXIV.

S'il se presente quelques Compagnons ou Ouvriers dudit Métier, pour être reçûs Maîtres en ladite Ville & Faux-Bourgs, hors qu'il n'y ait fait Aprentissage ; il y sera reçû apres qu'il aura fait le Chef-d'œuvre qui lui sera baillé, comme dit est aux Articles precedents ; pourvû qu'il soit accordé pour mariage à la fille d'un Maître dudit Métier, en ladite Ville & Faux-Bourgs, ou bien avec la Veuve d'un qui ait été reçû & decedé Maître dudit Métier audit Troyes, ou Faux-Bourgs ; & laquelle Veuve n'aye été depuis le déceds avenu depuis ledit Maître, remariée à un autre d'autre Profession & Métier, autrement n'y sera reçû.

Pourquoy, requiert ladite Communauté, veu les Statuts cy-dessus transcrites, ensemble les pieces y attachées : Il nous plaise omologuer iceux, pour être executées selon leur forme & teneur, & ordonner à cet effet : ladite Communauté se pourvoira pardevers le Roy, pour obtenir de Sa Majesté les Lettres Patentes confirmatives desdits Statuts, & les faire ensuite enregistrer, par tout où besoin sera.

B

SURQUOY, veu la Requête signée Mignot, jean Bouquot, Antoine Cocherit & Chambellan, Maîtres Gardes de ladite Communauté des Tailleurs, & Grosley Procureur : les Statuts d'icelle Communauté du dix Juin mil six cent quatre, signes Angenoust & Devienne ; regiftre au Baillage de Troyes le dix-huit Novembre audit an, l'Arrêt du Parlement du vingt-un Juin mil six cent trois; autre Arrêt du Parlement du vingt-un Juin mil fept cent huit, Copie collationnée pardevant les Nottaires Royaux à Troyes, & d'un Arrêt du Confeil, du premier Juillet mil fept cent neuf, figné CLIGNY, RAMBOURG, & contrôllé à Troyes le deux du mois de Juillet, figné dudit RAMBOURG. Copie imprimée des anciens Statuts attachés à la prefente Requête, enfemble le confentement du Procureur du Roy; le tout a été communiqué du trente Juillet mil fept cent neuf. Veu & confideré. NOUS avons fous le bon plaifir de Sa Majefté, veûs les aditions & changemens faits par ladite Communauté des Maîtres Tailleurs de ladite Ville, Faux-Bourgs & Banlieuë, dans les Statuts cy-deffus, par eux prefentées, és Articles vingt-deux, vingt-fept, trente-deux d'iceux, enfemble Statuts omologuez en tout ce qu'ils contiennent, étant lefdites additions & Statuts trés-utiles & neceffaires à ladite Communauté, tant en general qu'en particulier au bien publique, & en confequence que ladite Communauté des Maîtres Gardes & Supôts d'icelle, fe retireront pardevers Sa Majefté pour obtenir fur iceux les Lettres de Confirmation neceffaire. MANDONS au premier Huiffier de Police : Sur ce requis, faire pour l'execution des Presentes, tous Exploits & Actes requis & necessaires; qui furent faits & donnés audit Troyes le deuxiéme jour du mois d'Août mil sept cent neuf. Par Messieurs GUILLAUME DE CHAVAUDON, Lieutenant General ; LE GRAND, Lieutenant Criminel ; LE COURTOIS, Lieutenant Particulier ; & LAURENT, Doyen des Conseillers du Baillage & Siege Presidial de Troyes, Juges de Police : & est la Minutte des Presentes d'eux signée.

Signé enfin, LEVESQUE *Greffier*, avec paraphe.

Scellé à Troyes, le quatriéme Août mil sept cent neuf.

Signé, HUSSON, avec paraphe.

Et Contrôllé à Troyes, le quatriéme Août mil sept cent neuf.

Signé, SALOMON, avec paraphe.

Regiftré, oüi le Procureur General du Roy, pour être executée felon leur forme & teneur, fuivant l'Arrêt de ce jour. A Paris en Parlement, le dix Février mil fept cent onze.

Signé, LORNE, avec paraphe.

ADVIS DES OFFICIERS
de Police, du 3. Août 1709.

PARDEVANT Louis Le Grand, Conseiller du Roy, Lieutenant Criminel ; Louis Le Courtois, Conseiller du Roy, Lieutenant Particulier; Jacques Laurent, Doyen des Conseillers; Jean-Baptiste Gaston Motet, Procureur du Roy au Baillage & Presidial de Troyes, Juges de Police de la Ville de Troyes : Les Statuts de la Communauté des Maîtres Tailleurs d'Habits de cette Ville, Faux-Bourgs & Banlieuë, du dix Juin mil six cent quatre : Regiſtré au Baillage de Troyes, le dix-huit Novembre audit an : L'Arrêt du Parlement du vingt-un Juin mil sept cent huit : Copie Collationnée, pardevant les Nottaires Royaux à Troyes ; d'un autre Arrêt du Conseil du premier Juillet mil sept cent neuf : Nôtre Sentence d'Omologation du deux Août audit an : La Lettre de Monseigneur l'Intendant du vingt-trois dudit mois. NOUS Juges & Procureur du Roy de Police, sommes d'avis, sous le bon plaisir de Sa Majeſté, de l'Omologation des Statuts énoncés en nôtre Sentence dudit jour deux Août, comme étant lesdits Additions & Statuts trés-utiles & neceſſaires à ladite Communauté des Tailleurs d'Habits, & non contraire au bien public. FAIT à la Chambre du Conseil de la Police, au Palais Royal de la Ville de Troyes, le Samedy trente-un jour du mois d'Août milſept cent sept. *Signé enfin*, LE GRAND, LE COURTOIS, LAURENT, MOTET, avec paraphe.

AVIS DES OFEICIERS DU BUREAU de la Ville de Troyes, du 20. Septembre 1709.

VEU par Nous Odard Angenouſt, Ecuyer Seigneur de Villette, Conſeiller du Roy, au Baillage & Preſidial de Troyes, premier Echevin, faiſant les fonctions de Maire, par le decés de Monſieur Lyon Maire perpetuel, Louis Roſlin, Echevin ; & Jean Laurent, Procureur du Roy audit Hôtel de Ville : Les Statuts de la Communauté des Tailleurs d'Habits de cette Ville, Faux-Bourgs & Banlieuë, du dix Juin mil ſix cent quatre : L'Arrêt du Parlement du vingt-un Juin mil ſept cent huit, Copie Collationnée pardevant les Nottaires Royaux à Troyes ; d'un Arrêt du Conſeil du premier juillet mil ſept cent neuf : La Sentence d'Omologation du deux Août audit an : La Lettre de Monſeigneur l'Intendant du vingt-trois dudit mois. Nous Maire, Echevins, & Procureur du Roy, audit Hôtel de Ville ; aprés avoir oüi, les Corps des Marchands ; ſommes d'avis, ſous le bon plaiſir de Sa Majeſté, de l'Omologation des Statuts énoncés en la Sentence de Police, du deux Août ; comme étant leſdits Additions & Statuts trés-utiles & neceſſaires à ladite Communauté des Tailleurs d'Habits, & non contraires au bien publique. Fait au Bureau de l'Hôtel de cette Ville de Troyes, ce vingtiéme Septembre mil ſept cent neuf. *Signé enſin*, ANGENOUST DE VILLETTE, LOUIS ROSLIN, LAURENT, avec paraphe.

LETTRES PATENTES DE SA MAJESTE' pour les Statuts des Maîtres Tailleurs d'Habits de la Ville de Troyes, du 10 Février 1711.

LOUIS par la grace de Dieu, Roy de France & de Navarre, à tous presens & à venir, SALUT. Nos Amez les Maîtres Tailleurs d'Habits de la Ville, Faux-Bourgs & Banlieuë de Troyes ; Nous ont fait remontrer qu'ils auroient obtenu dès le mois de Juin mil six cent trois, des Lettres Patentes confirmatives des Statuts anciens, par eux dreſſés en ladite année, leſquels ayant dès-lors preſentés en nôtre Cour de Parlement de Paris, pour y être regiſtrés. Nôtredite Cour, par Arrêt du vingt-un Août audit an ; les auroit renvoyé pardevant nôtre Bailly de Troyes, pour être par lui, comme elles l'auroient été en effet, enterrinée le dix Juin mil six cent quatre ; mais que depuis ce temps-là, les Guerres survenus dans l'Etat, & les troubles arrivés dans ladite Ville de Troyes, auroient cauſé un ſi grand deſordre que leurſdites Lettres ſe ſeroient trouvées perduës ; en ſorte que les Expoſans, qui ont depuis toûjours agi ſous la bonne foy des Lettres ayant eu un Procès conſiderable en nôtredite Cour, en l'année derniere mil ſept cent huit, n'ayant pû les repreſenter, y ont nonſeulement ſuccombé ; mais il auroit été encore ordonné par Arrêt de nôtredite Cour du vingt-un Juin audit an mil ſept cent huit, qu'ils ſeroient tenus de les faire regiſtrer au Greffe d'icelle dans ſix mois, enſemble leſdits anciens Statuts ; mais comme lesdits Exposans sont dans l'impossibilité de ce faire, d'autant que les Originaux desdites Lettres Patentes & Statuts sont perdus & égarés aussi-bien que les Minuttes du Greffe du Baillage de Troyes, des années mil six cent trois & mil six cent quatre, ils ont jugé à propos de s'assembler de nouveau, pour revoir lesdits anciens Statuts, qu'ils ont trouvés conformes au bien publique, & à l'utilité de leurs Corps & Communauté, à l'exception de trois Articles qu'ils ont crû devoir y ajoûter par forme d'interpretation, au lieu des Articles vingt-deux, vingt-sept & trente-deux desdits anciens Statuts, tels qu'ils sont cy-attachés, sous le Contre-Scel de nôtre Chancellerie, lesquels ont été omologués en tout ce qu'ils contiennent, par Sentences des Juges de Police de ladite Ville de Troyes ; sur les Conclusions du Substitut de nôtre Procureur General audit Siege, en datte du deux Août dernier, qui a ordonné que lesdits Exposans se retireront pardevant Nous pour obtenir sur lesdits Statuts nos Lettres de Confirmation à ce necessaires ; qu'ils Nous ont trés-humblement fait suplier leur vouloir accorder ; A CES CAUSES, voulant favorablement traiter lesdits Exposans, de l'avis de nôtre Conseil, qui a veu lesdits Statuts & Réglements au nombre de trente-quatre Articles, ensemble la susdite Sentence d'Omologation d'iceux, dudit jour deux Août dernier ; le tout avec autres pieces cy attachés sous nôtre Contre-Scel, & de nôtre Grace speciale, Pleine puissance & Autorité Roïale. Nous avons par ces Presentes signées de nôtre main, agreés, aprouvés

& confirmés ; agréons, aprouvons & confirmons lefdits Statuts & Reglements, & Articles nouveaux changez & augmentez, tels qu'ils font tranfcrites dans ladite Sentence d'Omologation. VOULONS & Nous plaît, qu'ils foient gardez, obfervez & executez felon leur forme & teneur, par les Expofans & leurs Succeffeurs audit Métier, pour en joüir tout ainfi qu'ils en ont bien & duëment joüi ou dû joüir ; pourvû toutes-fois qu'il n'y ait rien de contraire à nos droits, & qu'il ne foit intervenu aucun Arrêt ou Reglement contraire. SI DONNONS EN MANDEMENT, à nos Amez & Feaux Confeillers, les Gens tenant Nôtre Cour de Parlement à Paris, & tous autres nos Officiers qu'il appartiendra, que ces Prefentes ils ayent à faire Regiftrer, & de leur contenu faire joüir & ufer lefdits Expofans & leurs Succeffeurs, plainement, paifiblement & perpetuellement, ceffant & faifant ceffer tous troubles & empêchemens contraires. CAR tel eft nôtre plaifir, & afin que ce foit chofe ferme & ftable à toûjours : Nous avons fait mettre nôtre Scel à cefdites Prefentes. DONNÉ' à Verfailles au mois de Décembre l'An de grace mil fept cent neuf, & de nôtre Reigne le foixante-fept, *Signé enfin*, LOUIS.

Regiftré, oüi le Procureur General du Roy, pour joüir par les Supôts de leurs effets & contenu & exécuté felon leur forme & teneur fuivant l'Arrêt de ce jour. A Paris en Parlement le dixiéme Février mil fept cent onze. Signé, LORNE. PHELIPPEAUX. pour Confirmation des Statuts des Maîtres Tailleurs d'Habits de la Ville de Troyes.

Signé, par le Roy, COLBERT.

EXTRAIT DES REGISTRES DU PARLEMENT
du 20 Décembre 1710.

VEU par la Cour, les Lettres Patentes du Roy, données a Versailles au mois de Décembre mil sept cent neuf, *Signé*, LOUIS, & *sur le Reply*, par le Roy, COLBERT. Et Scellé du Grand Sceau de Cire verte en lacs de soye, obtenuës par les Maitres Tailleurs d'Habits de la Ville, Faux-Bourgs & Banlieuë de troyes, par lesquelles pour les Causes y contenuës, le Seigneur Roy a aprouve & confirmé les Statuts & Reglemens, concernant la Communauté des Maitres Tailleurs d'Habits de ladite Ville de Troyes; ensemble les Articles nouveaux, changez & augmentez, tels qu'ils sont transcrits dans la Sentence d'Omologation d'iceux, du deux Août mil sept cent neuf, pour être executé selon leur forme & teneur, pourvû toutes-fois qu'il n'y ait rien de contraire aux droits du Seigneur Roy, & qu'il ne soit intervenu aucun Arrêt ou Reglement contraire; & ainsi que plus au long se contiennent lesdites Lettres à la Cour adressantes, & la Requête presentée par les Impetrans, afin d'Enregistrement desdites Lettres, Conclusions du Procureur General du Roy; ouï le Raport de Me. Pierre Pucelle Conseiller ; tout consideré. La Cour avant proceder à l'Enregistrement desdites Lettres; Ordonne qu'elles seront communiquées, ensemble les Statuts au Lieutenant General & au Substitut du Procureur General du Roy en la Police de la Ville de Troyes, pour y donner leur avis; pour ce fait, raporter & communiquer au Procureur General du Roy, être ordonné ce que de raison. FAIT en Parlement le vingt Decembre mil sept cent dix.

Signé, LORNE, & COLLON, avec paraphe.

ADVIS DES OFFICIERS de Police, du 10 Janvier 1711.

A TOUS ceux qui ces Presentes Lettres verront, le Lieutenant General de Police de la Ville & Faux-Bourgs de Troyes; Salut, sçavoir faisons que vû par Nous Pierre Guillaume de Chavaudon, Lieutenant General au Baillage & Presidial de Troyes; Louis Le Grand, Lieutenant Criminel, Louis Le Courtois Lieutenant Particulier audit Siege, Proprietaires de l'Office de Lieutenant General de Police de ladite Ville & Faux Bourgs, & Gaston Jean-Baptiste Motet Procureur du Roy audit Siege : L'Arrêt du Parlement du vingt Décembre mil sept cent dix, signé, LORNE, obtenu par les Maîtres Gar- de la Communauté des Tailleurs d'Habits de cette Ville, par lequel il est entre autre chose ordonné qu'avant de proceder à l'Enterrinement desdites Lettres Patentes, accordées par Sa Majesté à ladite Communauté ; Elles Nous seront communiquées, ensemble les Statuts pour y donner nôtre avis ; lesdits Statuts & Lettres Patentes données à Vérsailles au mois de Décembre mil sept cent neuf, *Signé*, LOUIS. *Et sur le Reply*, par le Roy, COLBERT, & Scellé du Grand Sceau

de Cire verte, en lacs de soye rouge & verte.
La Requête à Nous presentée en consequence, par
Antoine Delaine, Antoine Mondion, Jean Penard & Jean Cosme, Maîtres Gardes de ladite
Communauté, & tout vû & consideré. Nôtre
avis, & sous le bon plaisir de la Cour, que lesdites Lettres & Statuts peuvent être enterrinées,
comme étant utils au bien public, & avantageux
pour le bon ordre de la Communauté des Tailleurs d'Habits de cette Ville; en témoins de quoy
Avons fait expedier ces Presentes, qui furent
faites & arrêtées en la Chambre du Conseil de
Police, au Palais Royal de cette Ville de Troyes,
le Samedi dixiéme jour du mois de Janvier mil
sept cent onze : Et est la Minute des Presentes
signée de Messieurs DE CHAVAUDON,
LE GRAND, LE COURTOIS & MOTET,
avec paraphe. *Signé enfin*, LEVESQUE,
Greffier avec paraphe.

*Contrôllé à Troyes, le onze Janvier mil sept cent
onze. Signé enfin*, LECORCHE' avec paraphe.

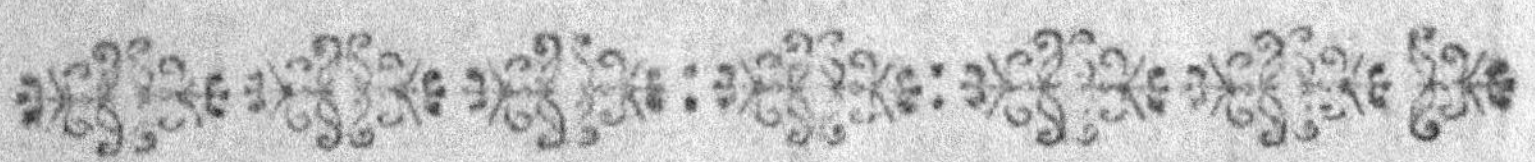

ARREST D'OMOLOGATION
du 10 *Fevrier* 1711.

VEU par la Cour, les Lettres Patentes du
Roy, données à Versailles au mois de Décembre mil sept cent neuf; *Signé*, LOUIS, &
sur le Reply, par le Roy, COLBERT : Et Scellé du
Grand Sceau de Cire verte, en lacs de Soye,

obtenuës par les Maîtres Tailleurs d'Habits de la Ville, Faux-Bourgs & Baulieuë de Troyes, par lesquelles pour les Causes y contenuës ; Le Seigneur Roy a agreé, aprouvé & confirmé les Statuts & Reglements des Impetrans, avec les Articles nouveaux, changez & augmentez, tels qu'ils sont transcrits dans la Sentence d'Omologation d'iceux, du deux Août mil sept cent neuf. Veut qu'elles soient gardées & observées selon leur forme & teneur, par lesdits Impetrans & leurs Successeurs audit Métier, pour en joüir tout ainsi qu'ils en ont bien & deûment joüit ou dû jouir, pourvû toutes-fois qu'il n'y ait rien de contraire aux droits du Seigneur Roy, & qu'il ne soit intervenu aucun Arrêt ou Reglement contraire ; ainsi que plus au long le contiennent lesdites Lettres à la Cour adressantes. Veu aussi lesdits Statuts au nombre de trente-quatre Articles dans ladite Sentence d'Omologation : L'autre du vingt Décembre mil sept cent dix, par Requête avant proceder à l'Enregistrement desdites Lettres ; il a été ordonné qu'elles seront communiquées, & ensemble lesdits Statuts au Procureur General, & au Substitut du Procureur General du Roy en la Police de ladite Ville de Troyes, pour donner leur avis : L'avis desdits Officiers du dix Janvier mil sept cent dix, & la Requeste presentée par lesdits Impetrans, afin d'enregistrer lesdites Lettres & Statuts ; Conclusions du Procureur General du Roy ; Vû le Raport de Me. René Pucelle Conseiller en tous ses Conseils. La Cour ordonne que lesdites Lettres, ensemble les Statuts seront enregistrées au Greffe de ladite Cour ; pour joüir par les

29

impetrans de leur effet & contenu, & être executé selon leur forme & teneur. FAIT en Parlement, le dixième Fevrier mil sept cent onze.

Signé enfin, LORNE, & COLLON,
avec paraphe.

❧❧❧❧❧❧❧❧❧❧❧❧

SENTENCE D'ENREGISTREMENT
des Officiers de Police, du 28 Fevrier 1711.

A TOUS ceux qui ces Présentes Lettres
verront, le Lieutenant General de Police
de la Ville & Faux-Bourgs de Troyes; S·LUT,
sçavoir faisons que sur la Requête à Nous presentée par les Maîtres Gardes & Supôts de la
Communauté des Maîtres Tailleurs d'Habits de
la Ville, Faux-Bourgs & Banlieuë de Troyes,
contenant que le Roy par ses Lettres Patentes
données à Versailles au mois de Décembre mil
sept cent neuf; *Signé*, LOUIS, *& sur le Reply*,
par le Roy COLBERT, Scellé du Grand Sceau de
Cire verte, en lacs de soye; ayant agreé, aprouvé & confirmé pour les Causes y contenuës; les
Statuts & Reglements concernant leur Commu-
té, avec les Articles nouveaux changez & augmentez tels qu'elles sont transcrites dans nôtre
Sentence d'Omologation d'iceux, du deux Août
mil sept cent neuf, pour être par les Maîtres &
Supôts de ladite Communauté des Tailleurs
d'Habits & leurs Successeurs audit Métier, gardez & observez selon leur forme & teneur, &
en jouir tout ainsi que lesdits Maîtres ont joüit
ou dû joüir, pourvû toutes-fois qu'il n'y ait rien

de contraire aux droits de Sa Majeſté, & qu'il
ne ſoit intervenu aucun Arrêt & Reglement contraire, ainſi qu'il eſt plus au long contenu auſ-
dites Lettres addreſſées à la Cour de Parlement
de Paris, pour en faire l'Enregiſtrement; leſdits
Maîtres & Supôts auroient à cet effet donné
leur Requête à ladite Cour. Sur laquelle & ſur
leſdites Concluſions de Monſieur le Procureur
General; Arrêt ſera intervenu le vingt Décembre mil ſept cent dix, par lequel ladite Cour avant
de proceder à l'Enregiſtrement deſdites Lettres,
auroit ordonné qu'elles Nous ſeroient communiquées, enſemble leſdits Statuts; & au Procureur du Roy en ce Siege, pour y donner nos
avis; pour ce fait, raporter à ladite Cour, &
communiqué à Monſieur le Procureur General
du Roy en icelle, être ordonné ce que de raiſon.
Veu leſdites Lettres & Statuts, & la Requête à
Nous preſentée par leſdits Maîtres Gardes Tailleurs d'Habits, aux fins dudit Arrêt. Nous &
le Procureur du Roy, avons donné nôtre avis
en execution d'icelui, le dixieme jour du mois
de Janvier mil ſept cent onze, portant que leſdites Lettres & Statuts pourroient être enterrinées comme choſe utile au bien public, & avantageux pour le bon ordre de la Communauté
deſdits Maîtres Tailleurs d'Habits, lequel ayant
été raporté par leſdits Maîtres Tailleurs d'Habits à ladite Cour, & communiqué à mondit
Sieur le Procureur General en icelle. Ladite Cour
VEU leſdites Lettres & Statuts au nombre de
trente quatre Articles tranſcrites dans nôtre Sentence d'Omologation, ſon Arrêt cy-deſſus datté,
nôtredit Avis, la Requête à elle preſentée par

lesdits Maîtres Gardes Tailleurs d'Habits, afin
d'Enregistrement desdites Lettres & Statuts, ensemble les Conclusions de Monsieur le Procureur
General. Veu, oüi, le Raport de Monsieur Pucelle Conseiller en icelle. Elle a par son avis du
dix Février mil sept cent onze, present mois & an.
Ordonne que les Lettres & Statuts seront enregistrées au Greffe de ladite Cour, pour joüir
par lesdits Maîtres & Supôts de leur effet & contenu en icelle, selon leur forme & teneur, lequel Enregistrement a été fait à l'instant, ainsi
qu'il appert par l'Acte d'icelui, mis tant sur le
reply desdites Lettres, que sur nôtre Sentence
d'Omologation, signée LOUIS, & comme lesdits Maîtres Tailleurs d'Habits ont interêts pour
rendre lesdites Lettres, Statuts & Arrêt d'Enregistrement d'iceux, plus nottoire, & joüir sans
aucun trouble ny empêchement de leurs effets
& contenu, qu'il soit publié à nôtre Audience,
& par tout ou besoin sera, & que pareil Enregistrement, ensemble ledit Arrêt; soit fait en nôtre Greffe, ils ont été conseillez de nous donner la presente Requète, à cesdites Causes, re-
quierent qu'il nous plaise donner Acte ausdits
Maîtres & Supôts de ladite Communauté des
Tailleurs, de la representation qu'ils nous font
desdites Lettres & Statuts, & de l'Arrêt d'Enregistrement d'iceux, au Greffe de la Cour du
Parlement de Paris, en datte du dix Février mil
sept cent onze. Ordonne afin que personne n'en
ignore, & que lesdits Maîtres Tailleurs d'Habits
joüissent sans aucun trouble ny empêchement de
leur effet & contenu, qu'ils seront publiez à nôtre Audience, & par tout où besoin sera, &

enregiſtrez en nôtre Greffe. Surquoy ; Veü ladite
Requête, ſignée Antoine Delaine, Antoine Mondion, Penard & Coſme, Maîtres Gardes en Charge de ladite Communauté des Tailleurs d'Habits, Bernaudat Procureur, nôtre Sentence du
deux Août mil ſept cent neuf, contenant l'O-
mologation par Nous faite de trente-quatre Articles de Statuts enoncez. Nôtre avis & celui
des Sieurs Maire & Echevins de cette Ville, en
datte des trente-un Août, & trente Septembre
audit an mil ſept cent neuf, qui contiennent le
Conſentement & l'Omologation d'iceux Statuts,
les Lettres Patentes obtenuës par leſdits Maîtres
Tailleurs d'Habits : Sa Majeſté, au mois de
Décembre de la même année, qui confirme &
aprouve iceux ; le tout énoncé en ladite Sentence, l'Arrêt rendu en la Cour du Parlement, du
vingt Décembre mil ſept cent dix, autre nôtre
avis donné en execution dudit Arrêt du vingt
Décembre mil ſept cent dix, autre Arrêt rendu
en ladite Cour, du dix Février audit an, qui
ordonne que leſdits Statuts & Lettres ſeront re-
giſtrez au Greffe d'icelle Cour, pour jouïr par
leſdits Tailleurs d'Habits de l'effet d'icelle,
l'Acte d'Enregiſtrement fait deſdits Statuts &
Lettres dudit jour dix Février mil ſept cent onze.
Signé LORNE. Et les Conclaſions du Procureur du Roy de Police, auquel le tout a été
communiqué. NOUS avôns ordonné que les
Statuts & Lettres Patentes ſeront lûës & publiées
à l'Audience de ladite Police tenante, & par tout
ou beſoin ſera executé ſelon leur forme & teneur ;
& regiſtré au Greffe de ce Siege, pour y avoir
recours ſi beſoin eſt. Et ce fait renduë. MANDONS
au premier

au premier Huissier de Police, sur ce requis; mettre ces Presentes à execution; de ce faire lui donnons pouvoir & Commission de faire pour l'execution de ces Presentes, tous Exploits & Actes requises & necessaires. Qui furent faites & arrêtées en la Chambre du Conseil de la Police de la Ville & Faux-Bourgs de Troyes, au Palais Royal de ladite Ville, le Samedy vingt-huitiéme jour du mois de Février mil sept cent onze, par Messieurs GUILLAUME DE CHAVAUDON, Lieutenant General; LOUIS LE GRAND, Lieutenant Criminel, & LOUIS LE COURTOIS, Lieutenant Particulier au Balliage & Presidial de Troyes, & tenant & exerçant la Police de ladite Ville & Faux-Bourgs de Troyes. La Minutte des Presentes d'eux signée. *Signé enfin*, LEVESQUE Greffier avec paraphe.

Scellé à Troyes, le douze Mars mil sept cent onze.
Signé, RAMBOURG.
& Controllé ledit jour Signé, LECORCHE'.

***

SENTENCE D'ENREGISTRÈMENT
des Officiers de Police, du 2 8 Février 1711.

A TOUS ceux qui ces Presentes Lettres verront, le Lieutenant General de Police de la Ville & Faux-Bourgs de Troyes; SALUT, sçavoir faisons que sur la Requête judiciairement faite à la presente Audiance, par Antoine Delaine, Antoine Mondion, Jean Penard & Jean Cosme, Maîtres Gardes de la Communauté des

Tailleurs d'Habits de cette Ville, Faux-Bourgs
& Banlieuë en personnes, assistez de Me. Louis
Grosley Procureur ordinaire de ladite Communauté, à ce qu'il Nous plaise en execution de
nôtre Jugement de ce jourd'huy, faire faire lec-
ture par nôtre Greffier des Statuts obtenus par
ladite Communauté, & énoncez en nôtre Sentence du deux Août mil sept cent neuf, & des
Lettres Patentes données à Versailles au mois de
Décembre suivant, à ce que personne n'en pré-
tende cause d'ignorance, & être executez selon
leur forme & teneur, faisant droit; sur laquelle
Requête : Oüi le Procureur du Roy en ce Siege
en ses Conclusions, auquel le tout a été communiqué. Nous avons fait Acte de ce que en
execution de nôtre Jugement de ce jourd'huy;
les Statuts de ladite Communauté des Tailleurs
d'Habits de cette Ville, Faux-Bourgs & Banlieuë
de Troyes, énoncez en nôtre Sentence dudit
jour deux Août mil sept cent neuf; ensemble
lesdites Lettres Patentes données à Versailles au
mois de Décembre suivant, ont été lûës à la presente Audiance à haute & intelligible voix par
nôtre Greffier en Chef de ladite Police, lesquelles
seront executées selon leur forme & teneur. Mandons au premier Huissier, Sergent Royal ou autres, sur ce requis; mettre ces Presentes à execution, de ce faire lui Donnons pouvoir &
Commission de faire pour l'execution des Presentes tous Exploits & Actes requis & necessaires, qui furent faites & données audit Troyes,
à l'Audiance de ladite Police, tenuë par Nous
Louis Legrand, Conseiller du Roy, Lieutenant
Criminel au Bailliage & Siege Presidial de la

Ville de Troyes ; tenant & exerçant la Police
de ladite Ville & Faux-Bourgs, le Samedy vingt-
huitiéme jour du mois de Fevrier mil sept cent
onze.

Signé enfin, LEVESQUE *Greffier*, avec paraphe.

Scellé à Troyes, le douze Mars mil sept cent onze.
Signé, RAMBOURG.

Controllé à Troyes, ledit jour & an.
Signé; LECORCHE', avec paraphe.

L'AN mil sept cent onze, le Samedi vingtié-
me jour du mois de Mars, tant avant qu'a-
pres midi, moi Louis Herbelin Huissier Audian-
cier Immatriculé au Siege de Police de la Ville
& Faux-Bourgs de Troyes, demeurant audit
Troyes, soussigné, certifie à tous qu'il appartiendra : Que sur la Requête d'Antoine Delaine,
Antoine Mondion, Jean Penard & Jean Cosme,
Maîtres Gardes de la Communauté des Maîtres
Tailleurs d'Habits de la Ville, Faux-Bourgs &
Banlieuë de Troyes, y demeurant ; qu'en execution de la Sentence renduë au Siege de Police
de la Ville de Troyes, le Samedi vingtiéme Février mil sept cent onze ; auroit lû & publié, à
haute & intelligible voix, les Statuts & Ordon-
nances dudit Métier des Tailleurs d'Habits contenant trente-quatre Articles, ensemble les Lettres Patentes de Sa Majesté du mois de Décembre mil sept cent neuf ; Arrêt de la Cour du
vingtiéme Décembre mil sept cent dix & dixiéme Février mil sept onze, portant Omologation
d'iceux, & à son de trompe & cry public par

les Carfours ordinaires à faire crier & publier,
tant dans ladite Ville de Troyes, Faux-Bourgs
que Banlieuë d'icelle, affisté de Jean Becel Trompette ordinaire de cette Ville, & defdits Maîtres
Gardes & Clerc fufnommez, & encore de George
Tarré, Edme Charpy Praticien demeurant audit Troyes, témoin, à ce que perfonne n'en pre-
tende caufe d'ignorance, & n'aye en contreve-
nir, aux peines y portées, & de tous dépens,
dommages & interêts, dont j'ay fait Acte; &
ont lefdits Maîtres Gardes, Antoine Perriere le
Clerc, Becel Trompette, mes témoins fufnommez, figné ce prefent Procez Verbal, les an &
jour fufdits. Signé enfin, ANTOINE DELAINE
ANTOINE MONDION, COSME,
PENARD, ANTOINE PERRIERE, TARREY,
CHARPY, & HERBELIN. avec paraphe.

*Controllé à Troyes, le vingt-trois May mil fept
cent onze.* Signé GALLIEN, avec paraphe.

Collationné à l'Original par Nous, Confeiller,
Secretaire du Roy, Maifon & Couronne de France & de fes Finances.